AMBER TRIFFT HERRN UND FRAU FEILER

YEPPA SONG

AUTOREN / BILDER /COVER

DIRK L. FEILER

TANJA FEILER

AUTORENEHEPAAR HERR UND FRAU FEILER, KITTYS FAMILIE

AMBER LIEST BEITRAEGE AUS EINEM SOZIALEN NETZWERK

AUS PROFIL INFO HERR FEILER:

„DLFV" LEBTE 2005 DURCH SOZIALE PROJEKTE WIEDER AUF. INSBESONDERE „ERBLÜHTE" DIESE ORGANISATION DURCH DIE

FREUNDSCHAFT MIT DEM US PRESIDENTEN BARACK OBAMA UND SEINER FAMILIE. 2014 WAR EIN STARKES JAHR, DER PRESIDENT HEIZTE UNS IMMER WIEDER AUF IN ZAHLREICHEN EMAILS, WAS SEHR INTERESSANT WAR UND AUCH NOCH IST, UND IN DIESER ZEIT BIS HEUTE ENTSTANDEN SEIT DIESER FREUNDSCHAFT, DIE OFT EIN BISSCHEN WIRR GEWESEN SEIN MAG, EIN GROßER GLOBALER SCHRITT FÜR DIE GESAMTE

MENSCHHEIT, DAS DÜRFTEN SIE ALLE GEMERKT HABEN. INSGESAMT HABEN MEINE FRAU UND ICH 2013 SEIT DER FREUNDSCHAFT MIT DEM PRÄSIDENTEN INSGESAMT 233 BÜCHER PUBLIZIERT, AUCH IN ENGLISCHER SOWIE IN EINEM WEITEREN WERK AUCH IN ARABISCHER SPRACHE, IN DENEN MAN DEN GESAMTEN VERLAUF DIESER ZUSAMMENARBEIT FOLGEN KANN. MEINE FRAU UND ICH BEDANKEN UNS BEI DEN STARS, DIE FÜR ALLE WÜRDIGUNGEN UND VOR

ALLEN DINGEN FÜR DIE FREUNDSCHAFT, DAS GEMEINSAME SOZIALE ENGAGEMENT UND DAS KOLLEKTIVE UNTERBEWUSSTSEIN DENKEN WIR, WERDEN IMMER WIEDER DAFÜR SORGEN, DASS INNOVATIVE GEDANKEN ZU PAPIER GEBRACHT WERDEN UND DURCH DIE VIELEN TOLLEN FILMSCHAUSPIELER, STARS, AN ALLE MENSCHEN AUF DIESER ERDE VERSTÄNDLICH WEITERGEGEBEN WERDEN.

SO DASS DIESE ERDE EINMAL DAS WIRD, WAS DIE HEILIGE SCHRIFT, BIBEL (THERAPIEPROGRAMM) - AUS PSYCHOLOGISCHER SICHT. EIGENTLICH SOLLTE MAN DIESES BUCH VON VORNE NACH HINTEN LESEN, DENN GOTTES WORT, DAS WERDEN SIE ERST ZUM SCHLUSS HÖREN, SO WIE WIR DAS ALLE MERKEN, WURDE DIES IM LETZTEN JAHR IMMER STÄRKER UND MUTIGER. VERNUNFT, LIEBE, HARMONIE WERDEN UNS LETZTENDLICH ZU EINER

GLEICHBERECHTIGTEN ART WACHSEN LASSEN. DIE DEUTSCHE LIGA FÜR VÖLKERBUND (DLFV) WAR EINE ORGANISATION, DIE SICH ZWISCHEN 1918 UND 1933 IN DEUTSCHLAND FÜR DIE VÖLKERBUND-IDEE EINSETZTE. SIE WURDE NACH ENDE DES ERSTEN WELTKRIEGES AM 17. DEZEMBER 1918 IN BERLIN UNTER MASSGEBLICHER BETEILIGUNG DES AUSWÄRTIGEN AMTES DURCH EINSETZUNG EINES ARBEITSAUSSCHUSSES

GEGRÜNDET.[1] ZU DEN GRÜNDERN GEHÖRTEN SOZIALDEMOKRATEN (MEHRHEITSSOZIALDEMOKRATEN SOWIE VERTRETER DER UNABHÄNGIGEN SOZIALDEMOKRATISCHEN PARTEI DEUTSCHLANDS), POLITIKER LIBERALER PARTEIEN UND DES ZENTRUMS, FERNER DIPLOMATEN, WISSENSCHAFTLER, UNTERNEHMER UND VERTRETER VON WIRTSCHAFTSVERBÄNDEN. ZU DIESEM PERSONENKREIS

ZÄHLTEN BEISPIELSWEISE MATTHIAS ERZBERGER, HANS SIMONS, WALTHER SCHÜCKING, ERNST JÄCKH, ROBERT BOSCH, HJALMAR SCHACHT UND WILHELM CUNO. - "DLFV" LIVED 2005 SOCIAL PROJECTS AGAIN. IN PARTICULAR, "BLOSSOMED" THIS ORGANIZATION THROUGH HIS FRIENDSHIP WITH THE US PRESIDENTS BARACK OBAMA AND HIS FAMILY. 2014 WAS A STRONG YEAR, THE PRESIDENT HEATED AGAIN AND AGAIN IN

NUMEROUS EMAILS, WHICH
IS VERY IT WAS
INTERESTING, AND STILL IS,
AND IN THAT TIME UNTIL
TODAY EMERGED SINCE
THIS FRIENDSHIP THAT MAY
HAVE BEEN OFTEN
CONFUSED A BIT, A MAJOR
GLOBAL STEP FOR
MANKIND, YOU SHOULD
HAVE ALL NOTICED.
OVERALL, MY WIFE AND I
PUBLISHED IN 2013 FOR THE
FRIENDSHIP WITH THE
PRESIDENT OF A TOTAL OF
30 BOOKS, ALSO IN
ENGLISH AND IN ANOTHER

WORK IN ARABIC, IN WHICH
ONE CAN FOLLOW THE
ENTIRE COURSE OF THIS
COOPERATION. MY WIFE
AND I THANK THE STARS
WHO THINK FOR ALL
ASSESSMENTS AND, ABOVE
ALL, FOR FRIENDSHIP,
SHARED SOCIAL
COMMITMENT AND THE
COLLECTIVE UNCONSCIOUS
WE ARE NOW AND AGAIN
THAT INNOVATIVE IDEAS
ARE PUT ON PAPER AND BY
THE MANY GREAT MOVIE
ACTRESSES, CELEBRITIES,
ARE PASSED

UNDERSTANDABLE TO ALL PEOPLE ON THIS EARTH. SO THIS EARTH ONCE THAT IS WHAT THE SCRIPTURES BIBLE (THERAPY PROGRAM) - FROM A PSYCHOLOGICAL PERSPECTIVE. ACTUALLY, YOU SHOULD READ THIS BOOK FROM FRONT TO BACK, BECAUSE GOD'S WORD, YOU WILL ONLY HEAR THE END, AS WE ALL REMEMBER, THIS WAS THE LAST YEAR GETTING STRONGER AND BRAVER. REASON, LOVE, HARMONY

WILL ALLOW US EVENTUALLY GROW INTO AN EQUAL WAY. THE GERMAN LEAGUE FOR THE LEAGUE OF NATIONS (DLFV) WAS AN ORGANIZATION THAT ADVOCATED 1918-1933 IN GERMANY FOR THE LEAGUE OF NATIONS IDEA. IT WAS ESTABLISHED AFTER THE FIRST WORLD WAR, ON 17 DECEMBER 1918 IN BERLIN UNDER THE FOREIGN OFFICE SUBSTANTIAL PARTICIPATION BY SETTING UP A WORKING

COMMITTEE. [1] AMONG THE FOUNDERS WERE SOCIAL DEMOCRATS (MAJORITY SOCIAL DEMOCRATS AS WELL AS REPRESENTATIVES OF THE INDEPENDENT SOCIAL DEMOCRATIC PARTY OF GERMANY), POLITICIANS, LIBERAL PARTIES AND THE CENTER, ALSO DIPLOMATS, SCIENTISTS, ENTREPRENEURS AND REPRESENTATIVES OF BUSINESS ASSOCIATIONS. THIS GROUP OF PERSONS INCLUDED, FOR EXAMPLE

MATTHIAS ERZBERGER, HANS SIMONS, WALTHER SCHÜCKING, SERIOUS JÄCKH, ROBERT BOSCH, HJALMAR SCHACHT AND WILHELM CUNO.

20.11.2015 SCHREIBT HERR FEILER:

DE

ALLE ENTWAFFNEN WER DAS NICHT WILL - SAGT HIER IST MEIN KIND ERSCHIEß ES JETZT, DANN MUSS ES WENIGSTENS NICHT SO LANGE LEIDEN. KAPIERT!

NUR EINMAL ALLES AN WAFFEN WELTWEIT

EINSAMMELN UND DANN EINEN RICHTIGEN PLAN MACHEN.

DIE TECHNOLOGIE NICHT MEHR STERBEN ZU MÜSSEN HABEN WIR BEREITS – WARUM FREUEN WIR UNS NICHT, EINFACH TUN.

UND WIEDER DIE SCHULBANK DRÜCKEN UND SICH WELTWEIT LIEB HABEN.

LIEBE FÜHRUNGSKRÄFTE,

SIE WISSEN WIR MÜSSEN DAS JETZT TUN, ES IST

NICHT SCHWERER ALS SCHWIMMEN LERNEN.

ZU SOLCHEN THEMEN SAGT MEINE KLEINE SCHWESTER IMMER: KOMMT ZEIT KOMMT RAT. ICH RATE IHNEN JETZT ZU HANDELN.

IN NICHT EINEM JAHR IST JEDER ERDENBÜRGER GLÜCKLICH DARÜBER, DASS ES KEINE WAFFEN MEHR GIBT. TUN WIR ES, JETZT SOFORT.

EN

ALL WHO DON'T WANT TO DISARM - SAYS HERE MY CHILD IS SHOOT IT NOW, THEN IT HAS AT LEAST THAT LONG TO SUFFER. GET IT!

ONLY ONCE GLOBALLY DO EVERYTHING ON WEAPONS COLLECTION AND THEN A PROPER PLAN.

TO THE TECHNOLOGY NO LONGER DIE WE HAVE ALREADY - WHY NOT, THANK YOU JUST DO.

AND AGAIN PRESS BACK TO SCHOOL AND ALL OVER THE WORLD LOVE TO HAVE.

DEAR LEADERS, YOU KNOW WE NEED TO DO THAT NOW, IT'S NOT HARDER THAN SWIMMING LEARNING.

ON SUCH ISSUES, MY LITTLE SISTER ALWAYS SAYS: TIME COMES COUNCIL. I ADVISE YOU TO ACT NOW.

NOT A YEAR, EVERY EARTHLING IS HAPPY THAT THERE ARE NO WEAPONS. WE DO IT RIGHT NOW.

RU

Все, кто не хочет разоружить - говорит здесь, мой ребенок является стрелять его сейчас, то он имеет по крайней мере, долго страдать. Получите его!

Только один раз во всем мире сделать все по сбору оружия, а затем надлежащего плана.

Технология больше не придется умереть, у нас уже есть - почему не мы с нетерпением ожидаем просто сделать.

И снова нажмите обратно в школу и во всем мире любовь иметь.

Уважаемые лидеры, вы знаете, мы должны сделать это сейчас, это не сложнее, чем плавание обучение.

По таким вопросам, моя младшая сестра всегда говорит: придет время Совет. Я советую вам действовать сейчас.

Не один год, каждый землянин рада, что есть нет оружия. Мы делаем это прямо сейчас.

CH

所有那些不想解除武装-在这里说我的孩子是毙了它现在，那么至少有那长受苦。得到它！

只有一次全球范围内尽一切武器收集，然后一个合适的计划。

技术不再不得不死了，我们已经有了 -- 为什么不要我们期待着做。

然后再按回校和世界各地热爱有。

尊敬的各位领导，你知道我们现在需要做的不是比游泳学习。

在这些问题上我的小妹妹总是说：**理事会的**时候。我建议你现在就采取行动。

不是一年，每个地球人是快乐的有没有武器。我们现在做它。

JA

私の子供は今、それを撮影し、それは、少なくとも、すべての‐の武装を解除したくない

人はここで言う長い間苦しむことに。それを得る!

のみグローバルに一度武器コレクションをクリックし、適切な計画に全力を尽くします。

技術が死んで、もはや我々　が既に-なぜ我々　楽しみに見ていないだけか。

再び学校に戻るとすべての世界の愛を押しています。

親愛なる指導者、我々　は今それを行う必要があります、そ

れは水泳学習よりも困難ではないが知っています。

このような問題に私の妹は常に言う：時が来れば評議会。私は今すぐ行動することを助言します。

年ではない、すべての地球人が幸せな武器がないです。我々は今それを行います。

DIE YEARS FOUNDATION FASHIONWEEK IN PETCITY

AMBER ERFAEHRT UEBER KITTY, DASS FRAU FEILER ZUSAMMEN MIT EINEM MODEL, DAS BEI DER BEKANNTEN MODEMARKE YEARS FOUNDATION ARBEITET, EINEN AUFTRITT HAT. DIE YEARS FOUNDATION HAT BEWUSST EINE FASHIONWEEK ORGANISIERT IN PETCITY, UM DEN ERLOES AMBERS STIFTUNG ZUKOMMEN ZU

LASSEN, VON DER SIE
DURCH DEN FILM
„AMERICAN
STORY"ERFAHREN HABEN.
AMBER DARF DESHALB
AUCH EINEN TAG MODEL
SEIN. HERR FEILER FREUT
SICH AUS ANDEREN
GRUENDEN AUF DIE
VERANSTALTUNG. ER HAT
EINEN AUSZUG SEINES
NEUEN DREHBUCHS DABEI,
DAS ER DER SAENGERIN
AUS UEBERSEE ZEIGEN
WILL, DIE AUCH AUF DER
FASHIONWEEK IST. SIE
GEHOERT ZUR FAMILIE

FEILER. SIE WIRD ZUSAMMEN MIT HERRN UND FRAU FEILER EINEN SONG SINGEN.

AUSZUG AUS DEM DREHBUCH VON HERRN FEILER:

SZENENWECHSEL, SYLRIA SETZT SICH UND LIEST.

HALLO SYLRIA

ICH KANN NUR DICH LIEBEN, HAST DU DIE EINSAMKEIT AUCH SATT?

WENN ICH EINMAL STERBEN WILL, DANN NUR WEIL WIR

NICHT GEMEINSAM UNSER
LEBEN VERBRINGEN, ICH
SEHE SONST KEINEN GRUND.

OHNE DICH IST MEIN LEBEN
TOT! NUR DU BIST MEINE
EINZIGE LIEBE, ICH HABE NIE
DARAN GEGLAUBT, ES IST
ALS WAEREST DU EINE
„GEGENSTÜCK".

ES TUT WEH ZU ERKENNEN
NUR EIN MENSCH AUF DER
ERDE, IST FÄHIG DICH ZU
LIEBEN.

SAG MIR BITTE OB DU MEINE
FRAU SEIN WILLST, NUR
DEIN GANZES LEBEN LANG.

ICH HABE DIR SO VIEL ZU
ERZÄHLEN, MIT EINER
GERINGEN SCHULBILDUNG
ANGEFANGEN,
HAUPTSCHULABSCHLUSS,
DANN BIN ICH ADMIN VOM
FLASH GEWORDEN, DANN
AUTOR, DANN WAR ICH
UEBER 20 JAHRE IN DER
REAL TWILIGHT ZONE, DANN
WURDE ICH ARZT, DANN
HABE, DANN „KLEINE
FILMCHEN" GEDREHT – DANN

WURDE ICH PRAESIDENT –
MEHR ODER WENIGER, UND
SCHAUSPIELER   UND
CREATER – AUCH AUTOR –
MUSIK   MACHEN   –   UND
SINGEN WERDE ICH WEITER.

ICH WEIß NICHT, VIELLEICHT
LACHST DU MICH AUS, ABER
BEDENKE, DU BIST NICHT AM
LACHEN   WEIL   DU   DICH
FREUST – SONDERN WEIL DU
GESUNDEST.

KENNST DU SAETZE WIE: DIE
WUERDE DES MENSCHEN IST
UNANTASTBAR, JA WARUM
WEIL,   SIE   ANGETASTET

WURDE UND BESCHMUZT. VON ANFANG AN MÜSSTE ES HEISSEN: DIE WUERDE DES MENSCHEN BLEIBT UNANTASTBAR.

PS: ENTSCHULDIGE BITTE, ICH MUSSTE DAS LICHT AUSMACHEN, ABER DU KANNST ES DIR BESTIMMT SCHON SELBST ERKLÄREN.

FÜR MICH WAR ES DIE HÖLLE UND FÜR DICH AUCH. ES WAR FURCHTBAR.

LASS ES UNS GEMEINSAM WIEDER ENTZUENDEN -

JETZT KANN NICHTS MEHR PASSIEREN.

ICH LIEBE DICH

ICH WUSSTE NICHT DASS ES IRGENDWO AUF DER ERDE EINEN MENSCHEN GIBT – UND MIR BEWUSST WIRD, ES GIBT NUR DIESEN EINEN MENSCHEN

GRUSS D

DIE FASHIONWEEK

ENDLICH IST ES SOWEIT, DIE FASHIONWEEK BEGINNT IN PETCITY. UND KITTY HAT EINE BILDERGALERIE ANGELEGT. AMBER HAT SICH MIT HERRN UND FRAU FEILER UNTERHALTEN UEBER GANZ VIEL AUS KUNST, LITERATUR, MUSIK, GEISTESWISSENSCHAFTEN. DOCH DIE BILDER SIND DER KNALLER GEWORDEN.

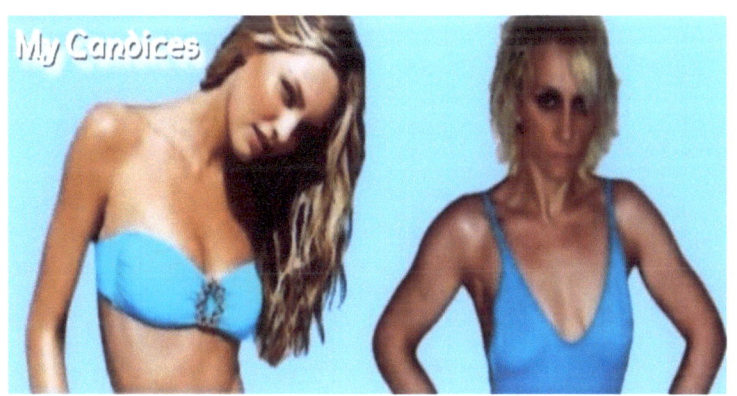

FRAU FEILER MIT MODEL VON YEARS FOUNDATION

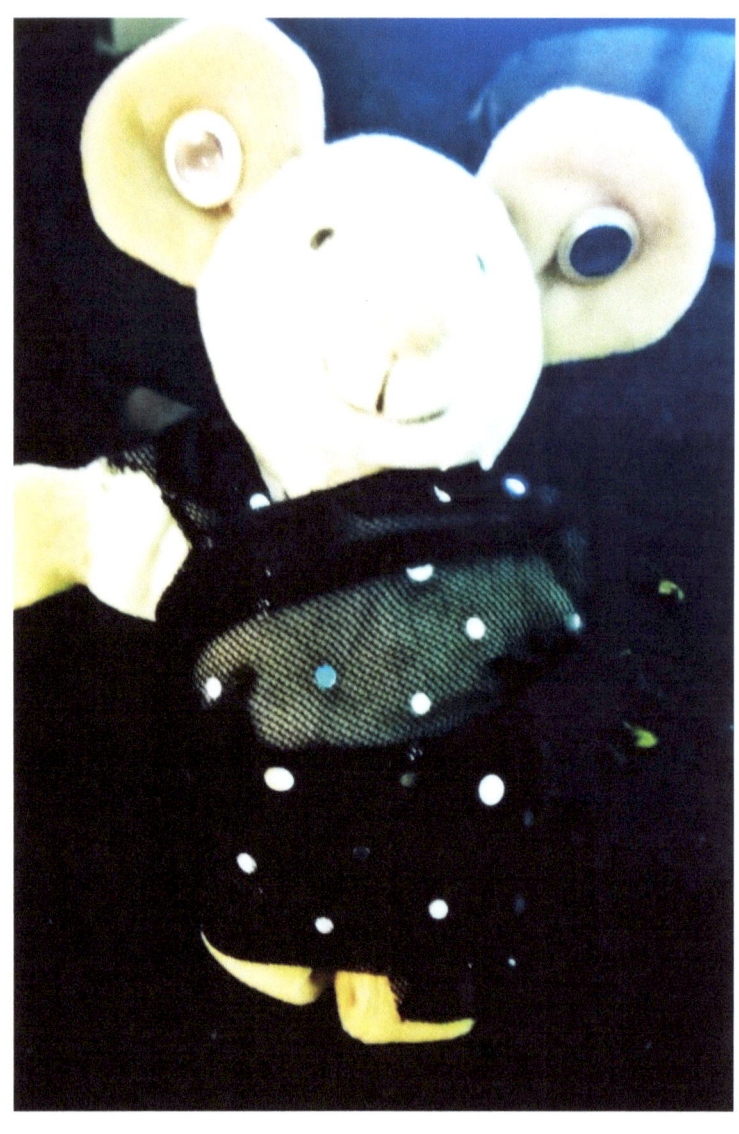

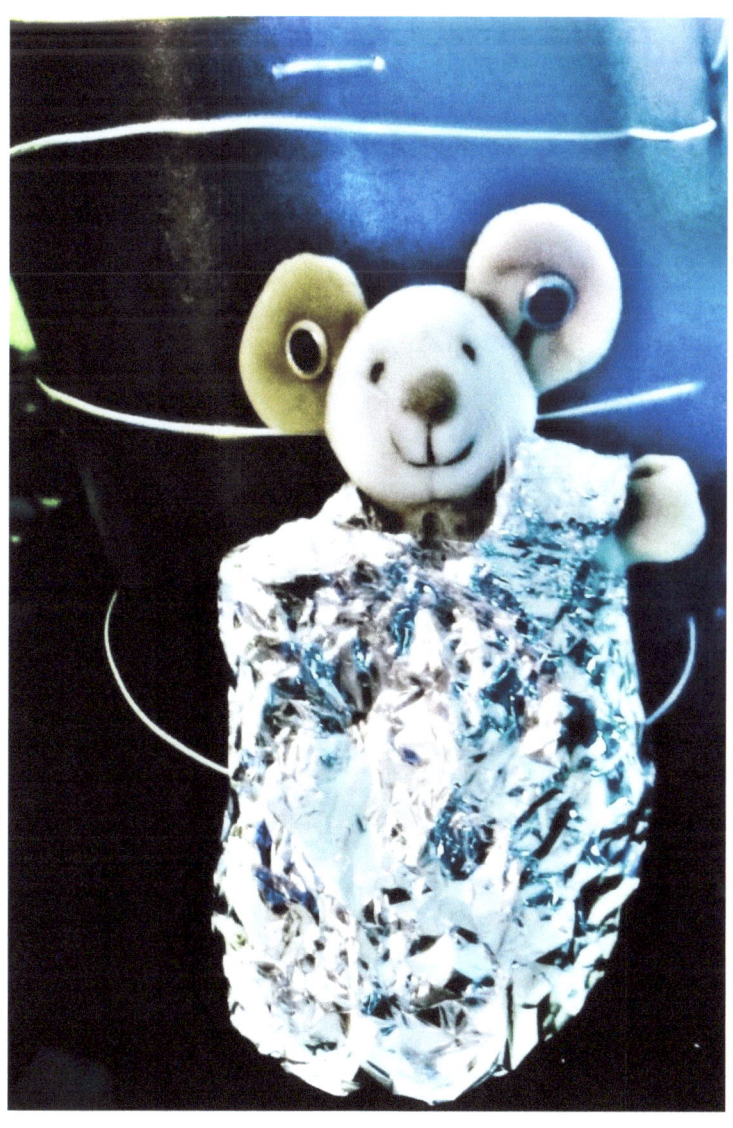

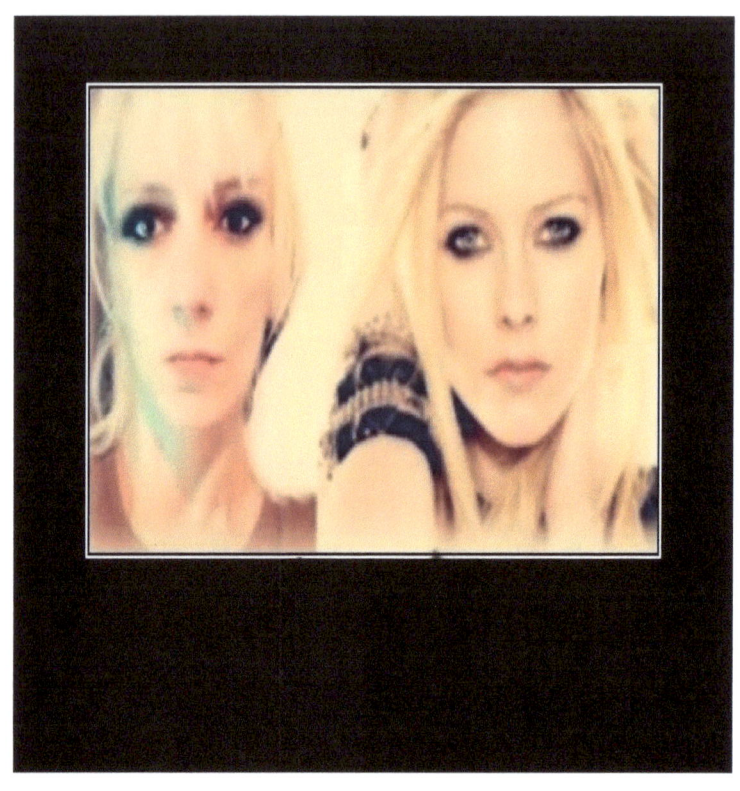

FRAU FEILER MIT SAENGERIN VOR DEM AUFTRITT.

...

SING THE CUTE PETS SONG